AF357241

RÉPONSE
FRATERNELLE
AU NOM
DES NOUVEAUX CATHOLIQUES
DE FRANCE,
A UNE LETTRE
PRETENDVE PASTORALE,
attribuée au Miniſtre Claude.

A PARIS,

Chez CHARLES DE SERCY, au ſixième Pilier de la Grand'
Salle du Palais, vis-à-vis la Montée de la Cour des Aydes,
à la Bonne-Foy couronnée.

M. DC. LXXXVI.

AVEC PERMISSION ET APPROBATION.

APPROBATION DES DOCTEVRS.

COmme Monfieur Claude reconnoît ouvertement dans fa Défenfe de
la réformation, qu'on pouvoit faire fon falut dans l'Eglife Romaine jufques au tems de Luther; Il eft impoffible qu'il ne foit convaincu
dans fon cœur, qu'on l'y peut encore faire aujourd'huy, puis qu'il ne
s'eft point fait de changement depuis ce tems-la, ny dans fa croyance,
ny dans fon culte, ny dans fa difcipline. Auffi eft-ce de la reconnoiffan-
ce & de l'aveu de ce fameux Miniftre dont on s'eft fervy utilement
pour faire ouvrir les yeux à la plufpart de ceux qui s'y font convertis;
toutes fortes de raifons obligeant de rentrer dans la Communion de l'E-
glife Romaine, dés qu'on eft perfuadé qu'on y peut affurer fon falut.
C'eft donc fort mal à propos, comme fort inutilement, que le même
Monfieur Claude s'eft voulu oppofer à cet heureux torrent de conver-
fions que nous avons veu, puifqu'il a fervy luy-même à le groffir par
les confequences qu'on tire de fes principes. Et en effet Monfieur de
Turenne difoit fouvent que la lecture des Livres de ce Miniftre n'avoit
pas peu contribué à fa converfion. On a lieu d'efperer que la Lettre Paftorale qui luy eft attribuée aura le même fuccez, & que contre le deffein de
fon Auteur, elle confirmera les nouveaux Catholiques dans la foy qu'ils ont
embraffée, fur tout lorfqu'ils auront leu cette réponfe, qui en découvre fi
bien tous les fophifmes & les faux raifonnemens. C'eft pourquoy nous
ne nous contentons pas de dire, qu'il n'y a rien dans cette réponce qui
ne foit conforme à la Foy de l'Eglife Catholique; Nous ofons affurer
les nouveaux Convertis qui la liront, qu'ils y trouveront de nouveaux
fujets de benir Dieu de leur changement, & de dire de plus en plus,
comme autrefois les Donatiftes qui s'étoient convertis, graces au Sei-
„ gneur, d'avoir rompu nos liens, & de nous avoir fait rentrer dans
„ le lien de la paix & de l'Unité Catholique. Donné à Paris le 18. Fevrier 1686.

J. GAUDIN Docteur de la Societé de Sorbonne Chanoine de l'E-
glife de Paris. J. LE BAS Curé de S. CHRISTOPHE.

NOus avons lû exactement un petit Ouvrage intitulé, *Réponfe au nom des nouveaux
Catholiques de France, à une pretenduë Lettre Paftorale à eux adreffée & attribuée au Miniftre Claude.* L'Auteur y refute fi folidement & par la fainte Ecriture les faux
raifonnemens de cette pretenduë Lettre Paftorale, plus propre à éloigner les Brebis de la
bergerie du Souverain Pafteur, qu'à les y ramener, que nous eftimons cette réponfe non
feulement tres-utile pour convaincre les Proteftans de leurs erreurs, mais auffi pour affermir les nouveaux Convertis dans la Foy Catholique, Apoftolique-Romaine, qu'ils ont
embraffée, à laquelle nous n'avons rien trouvé dans cette Lettre, ny aux bonnes mœurs:
C'eft le témoignage que nous Docteurs en Theologie de la Faculté de Paris fouffignez
donnons au Public: A Paris ce 20 Fevrier 1686.

L. DE LAMET, Docteur de la Societé Royale de Navarre, Curé de
S. Euftache.

J. C. BRAQUET, Docteur de la Maifon & Societé de Sorbonne,
Archiprêtre & Curé de la Magdeleine.

VARET.

Apud homines pœnas luit, & apud Deum frontem non habebit, qui hoc facere noluit, quod ei per cor Regis ipsa veritas jußit. Hoc jubent Imperatores quod jubet & Christus, quia cum bonum jubent, per illos non jubet nisi Christus. Augustinus.

Qui refuse d'obeïr à la verité, c'est à dire au cœur d'un Dieu parlant par le cœur d'un grand Roy pour reünir ses enfans divisez, n'est pas seulement criminel devant les hommes, mais ne sçauroit être innocent devant Dieu : En effet lorsque les Rois, qui sont les Ministres de Dieu pour le bien, en ordonnent un aussi grand que cette reünion, ce ne sont pas proprement eux qui commandent, mais Jesus-Christ, puisqu'ils ne commandent que ce que Jesus-Christ luy-même commande. *S. Augustin.*

Le Lecteur est averty, que les paroles marquées dans le corps de la Réponse en caractere italique, sont les paroles de la Lettre pretenduë Pastorale, qu'on a renduës au Ministre.

REPONSE
FRATERNELLE
AU NOM
DES NOUVEAUX CATHOLIQUES
DE FRANCE,
A UNE LETTRE
PRETENDVE PASTORALE,
attribuée au Ministre Claude.

E n'est point pour vous faire des reproches, que nous vous répondons, nôtre cher frere. Le nom que nous vous donnons encore malgré *vôtre endurcissement vous répond assez du contraire, & vous doit persuader, que nous venons à vous non pour irriter vôtre playe, mais pour y remedier, s'il se peut.* Nous ne vous regardons point comme *a* un loup, un voleur, & un ravisseur selon la parole de Jesus-Christ

a Jean Chap. dix depuis le ℣. 1. jus-qu'au 14.

A iij

qui n'eft entré dans la Bergerie, que pour perdre, égor-
ger, & ruiner, ny comme un mercenaire fans veritable amour
du falut des brebis pour n'être pas entré par la porte: nous
vous confiderons d'une vûe plus favorable comme une brebis precieufe rachétée du fang de Jefus-Chrift qui pour s'é-
tre erigée autrefois fur nous en Pafteur fans la miffion legi-
time *a* de cet Evêque & Pafteur de nos ames, *s'eft mal-*
heureufement precipitée dans l'égarement & dans l'abyfme, &
aujourd'huy que Dieu nous a fait la mifericorde de nous
reünir à fon divin troupeau, *nous tâchons de vous* y ramener,
non le bâton à la main, & les menaces à la bouche (car vous
avez fçeu vous en mettre à couvert) *mais avec les purs mou-*
vemens de la Charité Chrétienne.

Nous ne nous adreffons point à vos Collegues & à nos
freres, qui par de faux motifs de liberté & d'honneur, ou
par quelques autres interefts humains, ont refufé de rendre
gloire à Dieu, & mieux aimé retenir, *b* comme parle faint
Paul, la verité captive dans l'injuftice, que de la reconnoître. Encore *que ce peché foit volontaire*, nous fommes neanmoins bien éloignez de croire, comme vous à l'égard des li-
bertins qui pourroient être revenus avec nous à l'Eglife Catholique, *qu'il ne refte plus de Sacrifice pour eux.* Dieu nous
preferve de cette penfée fi peu Chrêtienne, tant qu'ils ap-
partiendront les uns les autres à Jefus-Chrift par leur vocation au Chriftianifme: nous fommes au contraire perfuadez,
que la veritable converfion des uns & des autres doit être le
fruit des prieres & des facrifices de cette Mere pleine de ten-
dreffe; auffi la demandons-nous prefentement à Dieu en unité d'efprit avec elle, & nous efperons de l'obtenir de fa mifericorde, qui leur infpirera aux uns par leur réunion, aux
autres par une fincere penitence, *de prevenir l'attente terrible*
de fes jugemens, & la flamme devorante, qui confumera fes
adverfaires.

Mais fi nous vous faifons la charité de vous diftinguer du
nombre de ces Pafteurs, vous nous devez la juftice de vous
repentir de nous avoir imputé fans fondement, que *nous*
avons agy contre les mouvemens de noftre confcience & de nôtre
cœur. Quelque affreufe que foit l'image que vous formez,
de ce qu'il vous plaît de nommer *perfecution*, nous fommes

ravis, *qu'elle ait été plus forte que nôtre resistance*, & nous benissons aujourd'huy sans cesse l'aimable Persecuteur, qui n'a travaillé par tous les moyens, dont il s'est servy, qu'à faire triompher la verité dans nos esprits, & à établir le regne de la justice dans nos cœurs. Cette victoire dans laquelle *a* comme parle saint Cyprien, nous sommes plûtôt les vainqueurs que les vaincus, nous est trop utile & trop glorieuse pour luy preferer le faux martyre que vous nous proposez, & quand elle nous auroit coûté la perte de tous nos biens, nous nous estimerions trop heureux de l'avoir achetée à ce prix-là. Nous sommes convaincus aussi bien que vous par la parole de Jesus-Christ, *b* qu'heureux sont ceux qui souffrent pour la justice, parce que le Royaume des Cieux leur appartient, & avec S. Augustin aprés Jesus-Christ que c'est la cause, & non la peine, qui fait les veritables Martyrs. Mais quelle seroit, nôtre cher frere, cette cause de vouloir répandre son sang pour se separer de nouveau, comme vous nous y exhortez, du Corps de ce même Jesus-Christ, que nos Ancestres ont si cruellement déchiré par leur separation ? Luy, qui n'a rien tant recommandé pendant sa vie à ses Disciples que l'union entr'eux, qui à la fin de ses jours mortels n'adressa à son Pere Celeste cette admirable priere, qu'on voit *c* dans saint Jean que pour la luy demander, & qui l'a même confirmée & scellée par l'effusion de son propre sang. En bonne foy pourroit-nous confesser un jour devant son Pere, si nous voulions le confesser d'une maniere si opposée à ses sentimens, ou plûtôt le renoncer aprés l'avoir confessé de la maniere, dont il veut l'estre : Ainsi, noftre cher frere, épargnez-vous la peine *de nous plaindre* de ce que *cette* miserable *gloire de faux martyre nous a été ravie par la lente & raffinée persecution* (dont vous avés crû faire une éloquente figure) & de *nous regarder comme des leçons vivantes de l'infirmité humaine.* Quel sujet au contraire n'avons-nous pas de vous plaindre dans l'estat où vous étes, *& jugeans de vous par ce que nous étions nousmêmes nous fremissons* à la veuë d'un si déplorable aveuglement. Nous avoüons ingenument que nous n'avons pas *étudié* cette espece *de martyre*, & que nous n'y trouvons pas *l'Esprit de l'Evangile*, ou si nous l'avons apprise dans vostre Ecole, nous renonçons de tout nôtre cœur à cette fausse leçon,

a Non enim vincimur quando nobis offeruntur meliora sed instruimur maximè in his quæ ad Ecclesia unitatem pertinent, & spei & fidei nostra veritatem.

b Ep. à Quintus 71. de l'Edition de Samelius.

c S. Jean chap. 17. & sur tout aux versets 20. 21. & 22.

qui nous feroit perdre noftre ame bien plus precieufe que tout l'Univers s'il étoit en nôtre puiffance.

Quelques-uns d'entre nous *pouvoient* à la verité *n'avoir appris à loüer Dieu que dans l'abondance des benedictions* ; mais n'en eft-ce pas une infinie, qu'il ait voulu éprouver nôtre patience pour nous faire revenir veritablement à luy par nôtre réünion à fon Eglife, & quand il nous auroit affligé de quelques peines par la main d'un Ange & d'un Prince de lumiere qui ne s'etoit prefenté devant fa face que pour prendre l'ordre d'executer un deffein qui n'alloit qu'à fa gloire, & à luy donner tout autant de ferviteurs que nous fommes, au lieu que l'Ange & le Prince des tenebres ne cherchoit que fa confufion fur la Terre dans la perte du *a* S. Patriarche donc vous parlés, & à luy ravir un fi grand ferviteur, ne devons-nous pas benir, pour les maux, que nous pouvons avoir fouffers, le même Dieu fon Souverain Seigneur & le nôtre qui l'a fait le Miniftre d'un fi glorieux deffein? Il faut donc, que vous entendiés malgré vous ces acclamations. Que Dieu foit à jamais loüé & glorifié de nous avoir procuré un auffi grand bien *b* que de nous avoir fait comprendre que fon unité demande qu'on l'adore dans l'unité ; & qu'il comble de fes benedictions & de fes graces, Loüis le Grand, lequel a crû ne pouvoir mieux confacrer fa puiffance Royale qu'à l'execution de ce faint Ouvrage : En effet *c* fi les Rois entant qu'hommes fervent Dieu par une fidele obeïffance à fes Commandemens generaux, peuvent-ils le mieux fervir en particulier comme Rois, qu'en faifant pour luy par la feverité religieufe de leurs Edits, ce que les Rois feuls peuvent faire.

Il eft vray que *le calme* où nous vivions, & que *cette fauffe paix, dans le fein* de laquelle le fchifme, s'il faut ainfi dire, *fe repofoit*, ne faifoient que le nourrir & le fortifier : Il falloit, que cet augufte Monarque en vint troubler *les mortelles douceurs*, il falloit qu'il luy vint ofter cette malheureufe liberté dont il joüiffoit pleinement, en un mot qu'il l'extirpât entierement, & qu'il éteignît par là cette guerre inteftine des cœurs & des efprits dans l'Eglife de fon Royaume pour luy redonner la veritable paix, plus heureux en cela que le *Grand Conftantin*, qui ne pût la donner autrefois dans fon

Empire

a Job chap. 1.

b S. Auguftin Ep. à Vincent,

c S. Auguftin Ep. à Boniface.

Empire à l'Eglife de fon temps. Craignez plûtôt, nôtre
cher frere, d'avoir trop goûté vous-même les douceurs mortelles de cette gloire de fçavant & de bel efprit, que vous
vous étes acquife dans les combats de vôtre plume, par le
mauvais ufage des talens, que Dieu vous a donnés, & que
tous ces vains applaudiffemens, dont on vous a repû dans
vôtre communion, n'ayent produit cette grande & pernicieu-
fe fermeté, pour ne pas dire opiniâtreté, qui vous retient aujourd'huy dans le fchifme.

   Pardonnez-nous ce reproche, bien plus moderé, que celuy
d'Apoftafie, que vous nous faites fi mal à propos. *C'eft la dou-*
leur qui nous l'arrache; il eft vray, que nous vous avons d'a-
bord declaré, que nous ne voulions point juger des motifs
quoique tres-injuftes, qui vous engagent à perfeverer dans
vôtre chute; mais peut-on voir cette perfeverance fi funefte
d'un homme de vôtre merite, lorfque luy-même *voit fe re-*
lever mille à droit & mille à gauche, & un *Triomphe fi gene-*
ral de la verité vivante fur l'erreur qu'elle vient d'étouffer,
fans étre penetré de douleur & *fans faire le trifte fouhait du*
Prophete Ieremie. Qui donnera de l'eau à nôtre tête & une fon-
taine de larmes à nos yeux pour déplorer jour & nuit vôtre de-
folation & celle de vos femblables?

   Nôtre deffein n'eft point, comme vous voyés, *de vous jet-*
ter dans le defefpoir, & bien que *vôtre faute* ne foit pas *une*
faute d'infirmité comme celle de S. Pierre, Iefus-Chrift *eft*
preft neanmoins *de vous la pardonner avec autant de miferi-*
corde qu'à luy, fi vous profités de fes regards & des avertiffemens,
qu'il vous donne. Nous n'avons *plus* à la verité *vos Temples,*
vos Predicateurs & vos Livres, mais nous fommes prefentement dans les veritables Temples, c'eft à dire, dans les veritables affemblées, nous avons les vrais difpenfateurs des
Myfteres divins, & *nous ne manquons* ny *de parole vivante* ny
de parole morte, puifque nous avons toûjours les divines Ecritures, mais qui nous font diftribuées par les Pafteurs legiti-
mes. Nous mangeous le pain de vie avec nos freres & dans
la maifon de nôtre divin Maître, dont nos Anceftres ne devoient jamais fortir, nous chantons en le mangeant cet amou-
reux Cantique. *a* Qu'il eft doux & agreable de voir les freres & les enfans d'un même Dieu habiter enfemble! Et fi   *a* Pſ. 132.

B

nous *interrogeons nos cœurs*, ils ne respirent qu'amour & que
charité, dont nous marquons l'union interieure par l'exterieure. Enfin nous sommes dans un parfait repos de conscien-
ce aprés l'action pleine de justice, que nous avons faite de
nous rejoindre à eux. Vous devez suivre nôtre exemple au
lieu de nous exciter malheureusement au vôtre par une nouvelle separation, & ❀ *Dieu permet* que *cette réponse tombe entre vos mains, regardez-la comme le troisiéme chant du coq,
imitez saint Pierre, sortez de la maison de Caïphe* pour entrer
en celle de Dieu, & *pleurez amerement.*

En effet *vous avez donné vous-même dans des illusions dan-
gereuses & funestes.* La *premiere* c'est de croire que *nôtre cœur
n'adhere pas au culte de l'Eglise Catholique & Romaine, encore
que nous soyons aujourd'huy dans sa Communion exterieure :* Et
sur ce pied vous vous tourmentés vainement à montrer que
le partage est injurieux à Dieu, & qu'il veut tout ou rien, &c.
Cette Eglise Romaine, qui malgré vous aura toûjours par
preciput le titre de Catholique, ne nous oblige qu'à l'a-
doration d'un seul Dieu par Jesus-Christ, que nous ado-
rons aussi comme son Fils unique nôtre Dieu & nôtre Sauveur, & c'est ce qui nous a convaincus que nous étions obligés à nous y réjoindre, & à la reconnoître pour nôtre Mere,
puisque même vous ne tenés que d'elle ce culte d'adoration,
que vous avés porté avec les saintes Ecritures dans vôtre
communion, que nous n'avons pourtant pas l'injustice de traiter d'idolatre, comme vous la nôtre, mais de schismatique, &
mêmes d'heretique sans entrer dans aucune discution : Ainsi
nous sçavons par *a* l'Apôtre aux Romains, dont vous abusés sur un passage tronqué. „Que ce Christ que nous ado-
„rons est la fin de la Loy pour la justice à tous ceux qui
„croyent. Or Moyse dit touchant la justice qui vient de la
„Loy, que celuy qui en observera les Ordonnances y trou-
„vera la vie ; mais pour ce qui est de la justice, qui vient
„de la foy ; voicy comme Moyse en parle, poursuit le di-
„vin Apôtre ; ne dites point en vôtre cœur qui pourra mon-
„ter au Ciel, sçavoir pour en faire descendre Jesus-Christ ?
„Ou qui pourra descendre dans l'abîme, sçavoir pour rap-
„peller Jesus-Christ d'entre les morts ? Mais que dit l'Ecri-
„ture, la parole est proche & n'est point éloignée de vous,

elle eſt dans vôtre bouche, & dans vôtre cœur. C'eſt cette "
parole de foy, que nous vous prêchons, parce que ſi vous "
confeſſés de bouche, que Jeſus eſt le Seigneur, & ſi vous "
croyés de cœur, que Dieu l'a reſſuſcité d'entre les morts, "
vous ſerés ſauvés ; car on croit de cœur à juſtice, ajoûte "
l'Apôtre, & on confeſſe de bouche à ſalut. C'eſt pourquoy "
l'Ecriture dit, que tous ceux, qui croyent en luy ne ſeront "
point confondus, il n'y a point en cela de diſtinction de "
Juifs & de Gentils, parce que tous n'ont qu'un même Sei- "
gneur, qui répand ſes richeſſes ſur tous ceux, qui l'invo- "
quent, car tous ceux qui invoqueront le nom du Seigneur "
ſeront ſauvez. " Nous avons cité l'endroit tout entier pour
vous dire, nôtre cher frere, que nous avons trouvé dans
l'Egliſe Catholique & Romaine, que l'on confeſſe auſſi bien
que parmy vous que Jeſus eſt le Seigneur, & que l'on croit
que Dieu l'a reſſuſcité d'entre les morts ; de ſorte que vous
ne pouvés pas dire, comme vous faites, qu'on n'y croye
point de cœur à juſtice, & qu'on n'y confeſſe point de bouche à ſalut. Il y a pourtant cette notable difference, que
contre le ſens de l'Apôtre, vous faites diſtinction entre ceux
qui croyent & invoquent le Seigneur, c'eſt à dire entre les
Catholiques, auſquels nous nous ſommes réünis, & les Proteſtans, parmy leſquels vous demeurés, quoique tous n'ayans
également qu'un même Seigneur deuſſent être unis enſemble
pour le ſervir, & pour recevoir l'effuſion de ſes richeſſes,
parce que ce Jeſus, qui eſt nôtre Maître, *a* n'eſt point diviſé, *a* S. Paul 1. aux
comme dit ailleurs l'Apôtre ; en ſorte que vous puiſſiez dire, Corinthiens ch. 1.
Nous qui avons pris le nom de Proteſtans, & qui de divers v. 12. & 13.
partis formés par Luther, Calvin, & les autres dans leur origine, n'en faiſons aujourd'huy qu'un pour nous être dans la
ſuite unis enſemble, ſommes veritablement de Chriſt, &
vous Catholiques, qui étes demeurés unis de communion,
ou qui étes revenus aujourd'huy à vôtre premiere origine,
n'étes pas veritablement de Chriſt. En verité, nôtre cher
frere, eſt-ce là ſe ſervir, comme il faut de l'Ecriture, &
prendre l'eſprit de l'Evangile, & ne devriés-vous pas rougir
mais d'une confuſion ſalutaire de traiter cette doctrine chez
les Catholiques de *créance de Demon*, & parce que nous l'y
avons reconnuë, de nous vouloir auſſi effrayer de la rigueur

des jugemens de Dieu pour l'autre vie, & *de* la jufte *feveri-*
té en celle-cy , *que cette même Eglife* à laquelle nous avons
le bon-heur d'être revenus *exerçoit autrefois contre fes lâches*
enfans, qui quoiqu'ils n'euffent pas offert de l'encens aux Ido-
les ne laiffoient pas neanmoins pour fe mettre à couvert des Or-
donnances de tirer des Magiftrats un certificat, qui témoignoit
qu'ils y avoient encenfé.

Confeffer à falut, que Chrift eft le Seigneur, & croire à
juftice, que Dieu l'a reffufcité d'entre les morts , comme dit
l'Apôtre dans l'endroit que vous avés cité, ce n'eft pas croire d'une foy feiche, fterile & fpeculative que Dieu l'a reffufcité d'entre les morts, & confeffer aprés de la langue & par
la voix du corps, qu'il eft le Seigneur & le Maître pour
s'appliquer certaine juftice imputative, qui opere le falut.
a C'eft ne vivre & mourir que pour luy, puifqu'il n'eft mort,
reffufcité, & rentré dans la vie, qu'afin d'acquerir une domination fouveraine fur les vivans & les morts : *b* Car fi un
feul eft mort pour tous, dit le même Apôtre, ce n'a été
qu'afin que ceux, qui vivent, ne vivent plus pour eux-mêmes, mais pour celuy qui eft mort, & reffufcité pour eux.
c Or vivre pour luy, c'eft vivre de fon efprit, qui eft l'efprit de celuy, qui l'a reffufcité d'entre les morts, le faifant
affeoir à fa droite dans le Ciel, & qui habitant en nous ref-
fufcitera auffi nos corps mortels. *d* Cet efprit n'eft point,
felon le même Apôtre, un efprit d'inimitié, de haine, de
contention, de jaloufie, de difpute, de diffention, de fecte
ou de fchifme felon la Vulgate, & felon le Grec d'herefie,
parce que ceux qui produifent ces chofes n'obtiendront pas
le Royaume des Cieux ? *e* C'eft un efprit, qui ne produit, pour
continuer le langage de faint Paul, que des fruits de charité, de joye, de paix, de patience, de bonté, de moderation,
de douceur, & de manfuetude, puifque le Pere, qui le donne par fon Fils, *f* n'eft pas un Dieu de diffention, mais de
dilection & de paix. C'eft un efprit, qui bien loin de fepa-
rer & de divifer, unit & raffemble tous ceux, qui confeffent
Jefus-Chrift de bouche pour leur Seigneur, & croyent de
cœur, que Dieu l'a reffufcité d'entre les morts, c'eft à dire
les fideles, *g* comme membres des membres d'un même corps,
qui a pour chef ce même Jefus-Chrift. Il ne les unit pas feu-

a S. Paul aux Ro-
mains, chap. 14. v.
8. & 9.
b Le même 2. aux
Corinth. ch. 5. v.
14. & 15.

c Le même aux
Romains, ch. 8. v.
11. & aux Ephef.
ch. 1. v. 10.
d Le même aux Ga-
lates ch. 5. v. 20. &
21.

e Au même chap.
v. 22. 23.

f 2. aux Corinth.
ch. 13. & 1. aux
mêmes chap. 13.
v. 33.

g Premiere aux Co-
rinthiens ch. 12. v.
27.

lement dans l'interieur & le fond du cœur ; mais entr'eux, &
par communion exterieure, & comme il veut, que l'on
croye de cœur, & que l'on confesse de bouche, *a* il veut aussi
qu'étans tous unis de sentiment & d'affection les uns avec les
autres, ils glorifient d'un même cœur & d'une même bouche Dieu le Pere de Nôtre-Seigneur Jesus-Christ, par une
profession, qui les lie au dehors comme au dedans, *b* con-
servans avec soin cette unité d'esprit par le lien de la paix,
parce qu'il n'y a qu'un corps, qu'un esprit, comme il n'y a
qu'une esperance, à laquelle tous sont appellés, un Seigneur,
une Foy, un Baptême, un Dieu Pere de Tous, au dessus de
Tous, par Tous, & en Tous. Enfin c'est être *c* contre Jesus-
Christ selon sa parole que de n'être pas avec luy, & c'est n'être
pas avec luy que d'avoir rompu l'unité, qui est l'ame de l'E-
glise & de s'être separé d'une societé, qui constamment est
son corps, puisque vous ne sçauriés nier, qu'elle ne fasse cette veritable profession interieure & exterieure, & qu'ainsi
les membres de cette societé ne soient ceux de Jesus-Christ,
& ne l'ayent pour Chef. Elle faisoit cette profession, qu'elle
avoit reçûë par la succession Apostolique, avant que nos pre-
decesseurs s'en separassent, elle la faisoit lors de leur separation, elle l'a toûjours faite depuis, & la fait encore. Quelle
injure avons-nous donc faite à Dieu & à Jesus-Christ pour
être traités, comme nous sommes par vous, nôtre cher
frere, de Payens, d'infideles, & d'idolatres, parce que nous
sommes revenus à cette societé, *d* qui étant son corps est aussi
la plenitude de celuy qui accomplit tout en Tous ? Quel
outrage Dieu & Jesus-Christ ont-ils reçû, de ce que le Roy
e comme nôtre Pere nous a frappés, si vous voulés, de ver-
ges, non pour cette vie qui dure si peu, & pour faire sa
volonté, mais pour nôtre bien, & pour nous rendre partici-
pans de la sainteté & de la vie du Pere des esprits, recüeil-
lans maintenant en paix les fruits de la justice, que nous a
procurés cette discipline, par laquelle nous avons été exercés,
quoiqu'elle semblat nous causer de la tristesse, & non de la
joye, lorsque nous la recevions,

    Si vous preniés bien vous-même, nôtre cher frere, l'esprit
de l'Evangile dans l'Apôtre S. Paul, quelle reflexion terrible ne feriés-vous pas sur un schisme aussi declaré & aussi

a Aux Romains, ch. 15. v. 6.

b Aux Ephes. chap. 4. v. 3. 4. 5. & 6.

c S. Matth. ch. 12. v. 30.

d Aux Ephes. chap. 1. v. 23.

e Ep. aux Hebreux ch. 12. v. 9. 10. 11.

éclatant, que celuy qui vous tient separé de l'Assemblée des
Catholiques, & sur cette temerité audacieuse, avec laquelle
vous vous opposés, autant qu'il dépend de vous, à la réünion, puisque *a* cet Apôtre écrivant à ceux de Corinthe,
les blâme de schisme, & mêmes d'heresie (car selon son sens
& dans le Grec les termes sont synonimes) de ce qu'assem-
blés en une même Eglise, & ne faisans qu'un même corps,
chacun mangeoit neanmoins sa Cene à part, & par consequent ne mangeoient pas ensemble la Cene du Seigneur. Que
diroit-il, s'il revenoit aujourd'huy, de voir tant de Peuples, qui
se sont separés de l'Eglise du Dieu vivant, & celebrent hors
de ce Corps leur Cene au lieu de celle du Seigneur, luy
qui trouvoit tant à redire aux partialitez dans une Eglise
particuliere, & de ce que les fideles ne s'y attendoient pas les
uns les autres pour la celebrer en commun, & pour marquer par cette union leur charité mutuelle selon l'esprit de
nôtre divin Maître. Après le faux usage que vous faites de
l'Ecriture ne pourrions-nous pas vous appliquer tres-juste-
ment, ce qu'un Payen reprochoit autrefois au même Apôtre
le plus injustement du monde. Le trop de litterature vous
porte à la folie. Pardonnés-nous, nôtre cher frere, ce mot
en échange de celuy d'apostasie & d'idolatrie, que vous
nous avez voulu donner, & au lieu *de l'exemple* que vous
nous proposés *d'Eleazar,* qu'on *vouloit obliger à renoncer à sa
Religion, & à l'adoration du vray Dieu ;* prenés *celuy de
c Coré,* qui vous convient parfaitement, *puisqu'ayant blan-
chy dans le schisme* vous ne sçauriés étre *un veritable enfant
d'Abraham* sans y renoncer.

La seconde illusion, que vous formés aussi pitoyablement
que la premiere, *c'est la resolution, que nous avons,* dites-
vous, *presque tous prise de ne demeurer dans le sein de Rome,
qu'autant de temps qu'il en faudra pour mettre ordre à nos af-
faires, & à amasser quelque bien, afin de passer à une terre
étrangere, & y vivre dans la profession de la verité affranchis de
la misere.* Nous ne sommes point venus chercher Jesus-Christ
parmy nos freres Catholiques, c'est à dire vivre avec eux en
paix & en charité pour jamais les abandonner, nous ne sommes point venus *chercher ce divin Sauveur pour des pains,* qui
ne nourrissent que nos corps, mais nous sommes venus le

a 1. aux Corinth.
ch. 11. v. 18. 19. 20.
& les suivans.

b Festus act. chap.
25. v. 24.

c Aux Nombres
chap. 16.

chercher luy-même *a* comme pain de vie defcendu du Ciel pour nourrir nos ames & nos cœurs. Nous ne craignons point, Dieu mercy, *cette viciffitude de trahifons & de retours,* dont vous nous menacez, & le don, qu'il nous a fait de le reconnoître parmy eux fera par fa divine grace fans repentir. La haine de nôtre fchifme *les avoit fcandalifés* ; nous *les avons édifiés* par l'amour qui nous a réjoints à eux, & nous fommes entierement refolus d'augmenter par nôtre conftance cette édification au lieu de la ruiner par une infidelle legereté. *Nous avions contrifté l'Eglife de Dieu par un grand blaf-pheme* (car n'en étoit-ce pas un grand de les avoir accufés dans nôtre erreur d'infidelité & d'idolatrie) & *nous l'avons réjoüie par une confeffion éclatante,* qui nous a rendus *un fpectacle charmans aux yeux de Dieu, & à ceux des hommes & des Anges,* efperans qu'*il nous introduira dans la compagnie* de ces derniers, aprés *nous avoir tiré de celle des autres.* Enfin nous vous le repetons. Nous regardons comme pleine de honte & d'infamie *la mort de nos Anceftres,* qui n'alloit qu'à fouffrir en criminels par le trouble qu'ils apportoient à la paix de l'Eglife & à la tranquillité de l'Eftat : Dieu nous preferve de la fouffrir jamais de cette maniere. *b* Ce ne feroit pas la " fouffrir comme Chrêtiens pour ne point rougir, & pour le " glorifier en ce nom, puifque ne fouffrans point felon fa vo- " lonté nous ne pourrions recommander nos ames dans de " bonnes œuvres à ce fidele Createur. Nous n'aurions pas la " confolation de croire, que nous participerions par là aux " paffions de Chrift, afin de treffaillir un jour par l'excés de " joye, dont il nous combleroit dans la découverte de fa gloi- " re. En un mot nous ne croirions pas être heureux, parce " que dans cet eftat l'honneur, la gloire, la vertu de Dieu & " fon efprit ne repoferoient pas fur nous. "

La derniere illufion regarde nos freres vos Collegues qui fe font réünis comme nous. Leur exemple ne nous offre rien qui ne foit extrémement édifiant. Nous les envifageons comme *des Anges* pleins *d'amour pour les biens à venir & élevés au deffus des creatures,* comme des hommes remplis de pieté, de modeftie & d'humilité, puifque de Docteurs de l'erreur, ils font devenus Difciples de la verité, & de faux Pafteurs qu'ils étoient, ils font maintenant de veritables brebis de

a Evangile de faint Jean ch. 6, v. 26. & 51.

b 1. Ep. de S. Pierre ch 4. v. 13. 14. 16. 19.

a Ep. de S. Jacques ch. 3. v. 15.
1. aux Corinth. ch. 2. v. 14.
La même ch. 14. v. 15.
b Ep. de S. Jacques chap. 3. v. 14. 17. 18.

Jesus-Christ ; *a* ce sont des gens spirituels, & non animaux, pleins de la Sagesse d'en-haut, & non de celle de la terre, qui ont goûté ce qui est de Dieu, & qui ayant jugé de tout ne peuvent être jugés de personne, bien moins de vous, nôtre cher frere, qui étes encore charnel, qui dans l'amertume de vôtre zele, & la contention, que vous nourrissés dans le cœur, ne vous pouvés glorifier d'avoir la même sagesse & ne mentir point contre la verité. *b* Ils ont fait voir par leur retour, que leur sagesse étoit chaste, amie de la paix, moderée, équitable, susceptible de tout le bien, docile, pleine de misericorde & des fruits de bonnes œuvres, qui se sement dans la paix, puisqu'ils ne pouvoient faire une plus grande œuvre de paix, que par l'abandonnement du schisme. *c* Ils ont jugé ces hommes spirituels, selon saint Irenée, que les Chefs & les Autheurs des schismes, & ceux par consequent qui leur succedent, sont des hommes cruels & monstrueux vuides de l'amour de Dieu, qui preferent leurs avantages particuliers à l'unité de l'Eglise, & qui pour toute sorte de sujets, & mêmes legers divisent & déchirent le grand & glorieux Corps de Jesus-Christ, & luy donnent, autant qu'il dépend d'eux, le coup de la mort : Gens qui ne parlent que de paix, & ne font que la guerre, qui font difficulté d'avaler un moucheron, & engloutissent un chameau, & qui ne sçauroient être si utiles par la reforme, qu'ils peuvent faire, qu'ils ne soient encore plus pernicieux par le mal & la ruine, qu'apporte leur schisme ; car l'Eglise de Dieu possedant tout, ajoûte ce Saint en cet endroit & en plusieurs autres, une foy entiere dans un seul Dieu Tout-puissant, Principe de toutes choses, & en son Fils Jesus-Christ Nôtre Seigneur, par lequel toutes choses ont été faites, avec un ferme sentiment de la disposition ou œconomie, par laquelle ce Fils a été fait

c S. Irenée liv. 4. contre les heresies dans le chap. 62. & 63. de l'Edition de Froben d'Erasme, voicy ses termes parlant de l'homme spirituel au sens de l'Apôtre : *Iudicabit autem & eos, qui schismata operantur, qui sunt immanes, non habentes Dei dilectionem suamque utilitatem potius co̅siderantes, quam unitatem Ecc'esiae propter modicas & quaslibet causas magnum & glorio̅sum corpus Christi conscindunt & dividunt, & quantum in ipsis est interficiunt, pacem loquentes, & bellum operantes, verè liquanies calicem & camelum transglutientes ; nulla enim ab eis tanta fieri potest correptio, quanta est schismatis pernicies. Iudicabit autem & omnes eos, qui sunt extrà veritatem, id est extrà Ecclesiam, ipsa autem à nomine judicatur. Omnia enim ei constant, & in unum Deum omnipotentem, ex quo omnia, fides integra, & in Filium Dei Christum Iesum Dominum nostrum, per quem omnia, & dispositionis ejus per quam factus est homo Filius Dei sententia firma, quae in spiritu Dei, qui praestat agnitionem veritatis, qui dispositiones Patris & Filii exposuit secundum quas aderat generi humano, quemadmodum vult Pater, agnitio vera est Apostolorum doctrina & secundum successiones Episcoporum quibus illi eam, quae in unoquoque est loco Ecclesiam tradiderunt, &c. Et praecipuum dilectionis munus, quod est preciosius, quam agnitio, gloriosius, quam prophetia, omnibus autem reliquis charismatibus supereminens.*

homme,

homme, dans l'Esprit de Dieu, qui donne la connoissance de la verité, & qui a exposé les differentes œconomies du Pere & du Fils à l'égard du genre humain (ce que cét Auteur appelle la veritable connoissance ou la doctrine des Apôtres venuë par la succession des Eglises) on ne sçauroit trop conserver selon cet homme Apostolique par tout où est cette Eglise, le principal present, que Dieu & Jesus-Christ son Fils luy ont fait de la dilection, plus precieux que celuy de la connoissance, plus glorieux que celuy de la Prophetie, & plus éminent que tous les autres dons. C'est ce que le schisme attaque directement, & aneantit tout-à-fait dans le cœur de ceux qu'il separe. *a* Aussi l'Apôtre S. Paul, dont ce saint homme avoit puisé cette doctrine, nous apprend que tous les dons de science, de Prophetie, & mêmes de foy jusqu'à transporter les montagnes, ne servent de rien sans la charité.

a I. aux Corinth. chap. 13. v. 1. 2.

N'appellés donc plus nos freres *des nuées sans eau, que le vent emporte çà & là ?* Mais de vrais fideles, *b* qui jettent aujourd'huy du fond de leurs entrailles & de leurs cœurs des sources d'eau jaillissante à la vie éternelle. Ne les appellés plus *des arbres dont le fruit ne meurit point, steriles, doublement morts, & déracinés ?* Mais *c* depuis qu'ils sont descendus de la chaire de pestilence, où ils ne prêchoient qu'une doctrine empoisonnée de schisme & de haine contre l'Eglise Catholique, vous devés les regarder comme des arbres, qui ayant été plantés le long des eaux de cette même Eglise, *d* & y étant profondément enracinés par la charité, donneront des fruits en leur saison, qui bien loin de mourir seront dans une éternelle verdure & ne perdront pas une feüille. Cessés encore de les appeller *des vagues furieuses de la mer, d'où sortent comme d'une écume sale leurs ordures & leurs infamies, après avoir étonné le monde par le bruit & par l'éclat d'une éloquence mondaine ?* Car s'ils ont fait autrefois du bruit & de l'éclat par une éloquence mondaine, ils l'ont aujourd'huy sanctifiée en la consacrant à Jesus-Christ, sur lequel comme pierre angulaire ils sont venus à l'Eglise Catholique pour s'établir & s'affermir, afin qu'ils ne soient plus *f* comme des enfans flottans de tous côtés, & emportés par tout vent de la doctrine des hommes qui engagent malicieusement & artificieusement dans

b Evang. S. Jean chap. 7. v. 38.

c I. Pseaume v. 1. 3. 4.

d Aux Ephes. chap. 3. v. 18.

e Aux Ephes. ch 2. v. 20.

f La même chap. 4. v. 14.

C

l'erreur. Enfin cessés de les nommer *des étoilles errantes*, puisque d'errantes qu'elles étoient avec vous elles sont devenues
fixes *a* au firmament de la verité qui est l'Eglise Catholique, &
qui au lieu de *ces tenebres épaisses*, que vous leur destinés de
vôtre autorité privée, *b* elles brilleront comme le soleil en
presence de Dieu, car quelle part peuvent avoir aux tenebres
de l'éternité ceux, qui à l'exemple de leur Pere Celeste & de
son Fils, qui sont *c* la veritable lumiere, & dans lesquels il
n'y a point de tenebres par l'amour qu'ils ont pour tous les
hommes, ne marcheront desormais que dans la lumiere, depuis qu'ils ont aimé leurs freres au point de s'y réünir, & qu'ils
ont chassé pour eux la haine de leur cœur, qui fait les veritables tenebres de ce monde.

A voüés au contraire, nôtre cher frere, que toutes ces figures
de l'Ecriture sainte, dont vous abusés en les leur appliquant
par une fausse éloquence, vous conviennent dans la verité ;
car enfin tant que vous persevererés dans le schisme, pouvés-
vous n'être pas du nombre de ces malheureux, dont *d* saint
Jude fait la triste peinture, que nous vous rendons, qui se
separent eux-mêmes de leurs freres, hommes animaux, qui
n'ont point l'esprit de Dieu, qui méprisent la domination
& blasphement la Majesté, qui suivent la voye de Caïn premier homicide de son frere, qui trompés comme Balaam par
le desir du gain ou quelqu'autre semblable s'emportent à des
excés, & qui imitans la rebellion de Coré periront avec luy.
Pour nous que Dieu a bien voulu par un effet singulier de sa
grace ramener à son Eglise, pour y être des pierres vivantes
nous nous élevons selon ce même Apôtre avec nos freres,
comme un edifice spirituel sur le fondement de nôtre tres-sain-
te foy, nous nous conservons en son amour attendant la misericorde de Nôtre Seigneur Jesus-Christ pour la vie éternelle, nous vous reprenons, parce que vous nous paroissés en-
durcy & condamné, nous travaillons à sauver les uns en les
tirant comme du feu, nous avons compassion des autres en
craignant pour nous-mêmes, & nous haïssons comme un vê-
tement souillé tout ce qui tient de la corruption de la chair
particulierement à l'égard du schisme.

Si vous nous examinés tous à ces marques, vous trouve-
rés que ceux, que vous regardés comme des reprouvés, ont

sans doute le vray caractere d'Elûs , & *de ce residu selon l'election de la grace.* Il est vray qu'il n'est pas tout-à-fait si nombreux en comparaison de la masse , à laquelle les endurcis comme vous se sont allés joindre , & qu'au milieu de la joye que nous avons de ne voir plus dans ce grand Royaume, que des Assemblées Catholiques , où nous sommes heureusement incorporés , nous brûlons de zele pour toute cette grande multitude de peuples étrangers dans l'impatience d'une entiere & parfaite réünion ; mais nôtre charité , quoique generale, s'applique plus vivement à vous & à nos freres , qui nous ont abandonnés. Nous sommes sur tout agités de crainte , que vous ne demeuriés jusqu'à la fin de vos jours dans cette masse, qu'à Dieu ne plaise nous appellions reprouvée , puisqu'elle est encore sainte en un sens par la vocation au Christianisme ; mais d'où nous esperons , que Dieu , qui est infiniment bon & puissant vous sçaura tirer par des voyes , qui nous sont inconnuës , & peut-être par l'émulation , que nôtre exemple , que vous condamnés à cette heure produira dans vos cœurs , ce qu'il fera *a* pour exercer toûjours sa misericorde envers Tous. Et qui sçait si la plenitude entiere ne fera pas quelque jour *b* les richesses de l'Eglise Catholique & Romaine?

 Puisque de l'amour pour nos freres Catholiques au sujet du schisme , vous nous avés insensiblement conduits à l'amour de Dieu pour les hommes , au lieu de nous arrêter à ce tissu pathetique & seditieux de passages de l'Ecriture par lequel vous finissés , & qui ne nous regarde plus , nôtre réünion étant justifiée par l'Evangile , qui condamne vôtre schisme , souffrés nôtre cher frere , qu'avant que de finir nous-mêmes , nous nous étendions sur cette matiere pour vous presenter de bonnes & saines idées , qui pourront ne vous être pas moins utiles que sur l'autre.

 c Le Mystere adorable de la charité infinie de Dieu pour les hommes , qu'il gagne les uns par les autres pour exercer sa misericorde sur tous , n'est pas d'une nouvelle époque. Sans l'aller chercher dans son cœur, ou *d* ce conseil de son amour, *e* ce propos, & *f* ce bon plaisir de sa volonté étoit enfermé, *g* avant les siécles , il est aussi ancien que le monde , puisqu'il a commencé avec luy , & il ne se consommera entierement

a Ch. 11. aux Rom. v. 32.
b Le même chap. v. 12.

c S. Paul Epist. aux Ephes. ch. 1. v. 9.

d Même ch. v. 11.
e Même chap. v. 5.
f v. 9.
g v. 4. & ailleurs.

a La Sageſſe chap. 10. v. 2,

b Eccleſiaſte chap. 7. dernier v.

c Geneſe dans tout le chap. 4. ce que S. Jean Ep. 1. chap. 3. v. 12. explique, & S. Irenée liv. 3. ch. 36. conformement à S. Jean.

d Suivant cette doctrine de la Geneſe l'Eccleſiaſtique dit, que Dieu a etably l'homme dans la main, c'eſt à dire dans la puiſſance de ſon conſeil, à la maniere de parler des Hebreux, qu'il luy a mis devant, l'eau & le feu, qui ſont deux elemens fort oppoſés, & dont l'un repreſente l'innocence de la vie par rapport aux ordres & preceptes de Dieu, & l'autre qui eſt le feu repreſente les divers deſirs & les differentes cupidités des choſes de ce monde, c'eſt à dire le bien & le mal à choiſir. *Nemini enim mandavit (Deus) impiè agere, & nemini dedit ſpatium peccandi*, ſelon le grec

qu'aprés la fin des ſiécles. *a* Cette ſageſſe toûjours bien-faiſante, qui par un artifice trop long à développer tira de ſon peché & releva le premier homme, qu'elle avoit formé *b* dans la droiture d'eſprit & de cœur, où il devoit étre, ne voulut-elle pas gagner dés le commencement *c* l'injuſte par le juſte, & dans l'abbattement du cœur ulceré de ce premier, que figuroit celuy de ſon viſage ne luy enſeigna t'elle pas, *d* qu'il ne tenoit qu'à luy de bien faire luy inſinuant par là le moyen de rendre ſes ſacrifices auſſi agreables que ceux de ſon frere, & de ſe rendre luy-même auſſi digne des regards de ſon Dieu; mais que ſi ſa volonté dont il étoit le maître, s'abandonnoit au mal, ſon peché à l'exemple d'un fâcheux creancier qui ne donne point de quartier, frapperoit d'abord à la porte pour exiger la dette, Dieu luy voulant encore inſinuer par cette figure, qu'aprés avoir failly le plus court & le plus ſeur moyen pour n'en payer pas la peine, ſeroit de ſe jetter entre les bras de ſa miſericorde; mais la malignité de ſon cœur ne fit que corrompre cette utile & amoureuſe leçon, & par une jalouſie déreglée, au lieu de s'animer à la veuë d'un ſi bel exemple, il ne chercha qu'à ſe défaire par un fratricide de celuy qui le luy donnoit, & à ſe dérober enſuite par de fauſſes & de miſerables excuſes à la peine, qu'il devoit éviter par une veritable & ſincere penitence, Dieu mêmes par une miſericorde, qu'il faudroit adorer toutes les fois qu'on y penſe, le prenant en ſa ſauvegarde dans les juſtes frayeurs de ſa conſcience, quelqu'indigne qu'il en fût par la diſpoſition, où ſon cœur demeuroit.

Mais ſans remonter au de-là de l'ancienne Alliance, ne voit-on pas le plan & comme le premier deſſein de l'ouvrage en la perſonne *e* d'Abraham, que Dieu choiſit pour benir en

Peccandi licentiam, ou *impunitatem peccare pergenti*, ce que Tertullien appelle *delinquendi commeatum non enim concupiſcit, multitudinem filiorum infidelium & inutilium*, ajoûte la Vulgate. Pour expliquer ce qui eſt auparavant, que l'impie ne peut s'excuſer ſur ce que Dieu ne luy donne pas la ſageſſe, puiſqu'il ne tient qu'à luy de ne faire point ce que Dieu abhorre. c'eſt à dire le mal, & qu'il ne doit pas dire non plus que Dieu l'a mis dans cette voye, car les impies ne ſont pas neceſſaires à Dieu, comme s'il diſoit Dieu n'en a pas beſoin pour faire paroître ſa grandeur, ch. 15. Moyſe au Deuteronome, ch. 30. aprés avoir propoſé la Loy au peuple luy dit qu'il eſt dans la liberté de choiſir le bien ou le mal; & Joſué en fait de même au livre qui porte ſon nom chap. 24. Jeremie chap. 21 v. 8. ſe ſert du même langage. L'Auteur de la Sageſſe dit chap. 10. parlant de Caïn, qu'il ſe perdit auſſi-tôt qu'il s'en éloigna, ſaint Jean au chap. cy-deſſus dit que ſes œuvres étoient méchantes.

e Geneſe 13. au chap. 15. & ailleurs.

fa race toutes les Nations, & pour étre pere d'un peuple fi nombreux, qu'il ne pourroit étre compté non plus que la pouffiere de la terre, & qu'il furpafferoit les fablons de la mer & les étoiles du Ciel (promeffe qui renfermoit non feulement le peuple d'Ifraël, mais tous les autres de la terre, quoique d'une maniere obfcure & enveloppée fous une égnime.)

En effet bien que Dieu parut fe borner au choix de ce peuple *a* comme un pere de famille à fon heritage, *b* le progrés a bien juftifié que fes veuës s'étendoient plus loin. *c* Sa charité ne fe contentoit pas de fi peu, elle en vouloit à tout le genre humain, & il n'avoit feparé *c* ces premices, que pour fe faire le Seigneur & le Dieu de la maffe entiere par une nouvelle acquifition, il établit fa demeure fenfible dans cette portion du genre humain pour attirer à foy tout le refte par les merveilles, qu'il y faifoit éclater, quoiqu'il femblat avoir oublié les autres Peuples au même temps qu'il les cherchoit, & qu'il ne travailloit qu'à fe faire par tout des enfans. *d* Il s'y éleva comme fur un Trône vivant & animé pour étaler aux yeux de toutes les Nations la magnificence de fa gloire, & les engager par ce moyen à le reconnoître, & lorfque cette mê-

a Pf. 134. v. 4. & autres endroits fur tout au Cantique de Moyfe dans le Deuteronome.

b L'Apôtre aux Romains chap. 4. & aux Galates chap. 3. montre qu'Abraham crût à juftice & fut choifi pere des Nations par fa foy, avant la circoncifion, qui ne fut enfuite qu'une marque finguliere pour luy & le peuple, qui contracteroit une alliance avec Dieu. Ainfi l'accés ouvert auprés de Dieu aux Gentils dans leur pere Abraham par cette foy ou confiance, qui fut confommée en Jefus-Chrift Mediateur de la nouvelle Alliance, & Autheur & Confommateur de cette foy parfaite qui fe donne par luy dans cette derniere Alliance. Les Juifs mêmes ne pouvoient plaire à Dieu dans l'ancienne que par cette foy, & étoient bien fans elle des enfans d'Abraham felon la chair, mais non felon l'efprit, ce qui regne dans l'Epître aux Romains, aux Galates & aux Hebreux.

c Les Gentils venoient adorer le vray Dieu dans l'Atrium du Temple qui leur étoit affecté. Salomon l'avoit prédit 1. des Rois ch. 8. à quoy l'on peut appliquer le v. 24. du ch. 45. d'Ifaïe. D'autres l'adoroient chez eux comme Neheman. Moyfe même en fon Cantique, Deut. 32. Point obligés à la circoncifion, s'ils ne vouloient entrer dans tous les droits de l'Alliance pour les promeffes, qui n'étoient que terreftres. Le feul Ifaïe chap. 1. *& fluent ad eum omnes gentes*, ce qui s'applique à Jefus Chrift en un fens plus parfait & fublime. au chap. 17. & 56. de même, il propofe chap. 55. aux Nations Jeremie pour conducteur & precepteur. Ce chapitre commence, *Omnes fitientes venite ad aquas*. Et parlant à la Judée, *Ecce gentem, quam nefciebas, vocabis & gentes, qua te non cognoverunt, ad te current propter Dominum Deum tuum & fanctum Ifraël, quia glorificavit te*. Cyrus chap. 51 & ailleurs appellé Jufte & Chrift a eu l'honneur d'être figure de Jefus-Chrift.

d Dans Jeremie chap. 2. le Peuple d'Ifraël appellé *primitia frugum* les premices des fruits; car comme Dieu vouloit que dans fon peuple les premices de toutes chofes mêmes les premiers nez luy fuffent confacrés pour marquer qu'il étoit Maître de tout, auffi ce même peuple eft appellé les premices de tous les autres pour montrer que tous les autres luy appartiennent, & qu'en étant le Maître & le Seigneur il n'a pas de plus grande joye que de voir qu'ils le reconnoiffent en venant à luy. Pf. 23. Son peuple eft même appellé fon fils premier-né, Exod. 4. 21. & chez le même Prophete, chap. 31. v. 9.

e Il appelle fon Temple le Ciel, Ifaïe chap. 14. Comme s'il abandonnoit fa demeure pour y venir loger, l'Arche & la Terre de Judee fon marche-pied fe faifant du Ciel comme un Trône. Il feroit infini de rechercher toutes les expreffions, Jeremie chap. 3. v. 17. appelle même Jerufalem le Trône du Seigneur.

me misericorde l'obligeoit à livrer ce peuple (qu'il appelloit son bien-aimé & son premier né, non par une préference toute pour luy dans le fond, quoique l'apparence fût entiere) aux Nations, qui l'environnoient, pour l'exercer par des captivités & d'autres châtimens, *a* il le répandoit & le dispersoit parmy toutes ces Nations dans les veuës d'une charité infinie pour elles comme pour luy.

Les châtimens mêmes de mort à l'égard de ce peuple, soit par des Anges exterminateurs, soit par des zelateurs de la Loy, soit par les guerres & les autres fleaux, n'étoient que des retranchemens d'un habile pere de famille, qui cultive *b* sa vigne & son champ en coupant les sermens inutiles, & arrachant les mauvais arbres & sans esperance de fruit, aussi bien que les ronces & les épines, qui étouffent les bons, ou, s'il est permis de parler ainsi, des excisions d'un sçavant & charitable medecin, qui retranche les membres corrompus & incurables, pour conserver ou guerir le reste du corps, & qui exerce également sa misericorde, & à l'égard des parties saines, qu'il garantit de corruption, & à l'égard des parties malades, dont il arrête le cours de la corruption, & dont il n'y a plus de guerison à esperer.

L'innocence des enfans & des gens de bien, qui pouvoit s'y trouver enveloppée n'étoit-elle pas heureuse, en ce qu'il les enlevoit *c* du monde qui n'en étoit pas digne, & *d* les ravissoit comme à soy pour les délivrer dans la pureté de leur cœur de la corruption domestique ou étrangere. Il *e* ôtoit les enfans aux peres, qui ne meritoient pas des successeurs pour les faire revenir à sa bonté par cette privation de lignée, qu'il sçavoit bien pour lors leur rendre au centuple de maniere ou d'autre : *f* Il épargnoit aux bons par une mort avancée la longueur des peines, qu'ils auroient souffertes, & la douleur dont ces saintes ames auroient été percées d'être au milieu

a Isaïe chap. 1 14. 19. 55. 56. Jeremie chap. 1. 12. 17. & les autres Prophetes.

b Le même peuple comparé à une vigne, Isaïe chap. 5. Jeremie 2. v. 21. & S. Matthieu 21. v. 31. & Isaïe chap. 27. 4.

c Ep. aux Héb. ch. 11. v. 38.
d La Sagesse chap. 4. v. 7. 8. 9. 10. 11. 12.
e Comme à Acan 2. Samuel 21. à Saül 1. Rois 14. à Jeroboam & à Achab. 2. Rois 8. 9. 10. Cela ne s'étendoit pas au de là de la troisiéme generation & sa misericorde à l'infiny, Exod. 25. Voyés là reflexion de S. Chrysostome Homel. 29. sur le 9. ch. de la Genese Dieu n'exerçoit ce châtiment que pour l'idolatrie, le parjure & les sacrileges, il remettoit même cette peine aux enfans, quand il paroissoit en eux quelque vertu particuliere Ezech. chap. 18. où il promet même de pardonner au pecheur, s'il revient & s'il se fait un cœur & un esprit nouveau ; il promet même aux Eunuques quelque chose de plus que des enfans, Isaïe chap. 56.

f Le Prophete Isaïe propose un exemple illustre en la personne du Roy Josias, dont il dit : *Iustus perit & non est qui recogitet in corde suo, à facie enim malitia collectus est iustus.* Il parle même à ceux qui avoient survy l'impieté de Manasses, & s'étoient mocqué de ce Roy, comme Sobna & les gens de en caractere.

d'un peuple pervers, & de leurs ennemis, & d'entendre blaſ-
phemer ſon nom en toute ſorte de manieres; *a* il ne leur ôtoit au
fond qu'une vie, dont il étoit le maître, & qu'il ſçauroit bien
un jour leur rendre meilleure, & c'étoit une grace, qu'il leur
faiſoit, puiſqu'ils n'étoient point d'ailleurs ſi purs devant luy,
qu'ils n'euſſent merité de la perdre par quelques pechés, quand
ce n'auroit été, que de n'avoir pas obey *b* à certains commandemens particuculiers, qui les auroient mis à couvert.
Enfin s'ils étoient entraînés par le torrent des captivités, &
emmenez dans une terre étrangere, c'étoit pour les purifier,
c comme l'or dans le creuſet de l'humiliation, de leurs taches
& de leurs ſouillures, comme de quelque trop grand atta-
chement à leurs biens, & à leur païs, ou d'avoir negligé,
ainſi qu'il a été dit, les avertiſſemens, par leſquels ils auroient
évité le mal general.

Au reſte il les conſervoit comme un levain precieux pour
répandre la ſainteté dans tout le corps de leurs freres captifs,
& pour la porter même au milieu des Nations, qui les avoient
ſubjugés, *ils y brilloient comme d des aſtres dans les tenebres*, &
annonçoient *e* par leur fidelité & par la pureté de leur vie, la
grandeur de ſes merveilles. Que ne pourroit-on point dire des
menaces pleines d'amour, qui precedoient ces châtimens, &
qui le plus ſouvent étoient plus terribles en ſoy, que les maux
mêmes, pour empêcher par ce tour ingenieux, qu'ils y tom-
baſſent, la tendreſſe de Dieu quand il frappe pendant cette vie, & qu'il luy reſte encore quelque eſperance de rega-
gner ſes enfans, moderant toûjours le poids de ſon bras? Que
f ne diroit-on point de la patience & de la longanimité, avec
leſquelles il attendoit ces criminels; des Prophetes qu'il ſuſ-
citoit, & qui ſe dévoüoient à la mort, que ce peuple ingrat
leur procuroit, au même temps que ces ſaints hommes venoient pour les en retirer; des temperamens, des adouciſſe-
mens, des conſolations & des délivrances ſi parfaites, quand

a Ce Prophete mê-
me dans les paroles
du ſecond verſet de
ce chapitre, don-
ne quelque lueur
de la reſurrection,
du moins les ſça-
vans Hebreux l'ex-
pliquent de l'eſprit
& le vulgaire du
corps.
b Du temps de Sen-
nacherib avertis de
ſe rendre en Jeruſa-
lem pour y être en
toute ſeureté, Iſaïe
56. La femme de
Loth punie pour
avoir regardé der-
riere contre la dé-
fenſe, Geneſe, ch,
19. & Sageſſe 10. *in-*
credibilis anima
memoria ſtans fig-
mentum ſalis.
c Sageſſe 3. v. 4. 5.
6.
d Comme S. Paul
dit des Chrêtiens,
Ep. aux Philippiens
chap. 2. v. 15. les
ſages Hebreux ap-
pellés des Aſtres,
Iſaïe ch. 14.
e Tobie chap. 13.
Confitemini Do-
mino, filii Iſraël,
& in conſpectu
gentium laudate
eum, quoniam ideo
diſperſit vos inter
gentes, quae ignorant
eum, ut vos enarre-
tis mirabilia ejus
& faciatis ſcire eos
quia non eſt alius

Deus omnipotens præter eum. Il dit de ſoy-même, *Ego autem in terra captivitatis meæ confi-*
oſtendit Majeſtatem ſuam in gentem peccatricem. Le chap. 36. de l'Eccleſiaſtique eſt admirable par la
priere qu'il fait à Dieu dans le même ſens.
f Les differens mouvemens & les divers effets de cette bonté & de cette miſericorde de Dieu merveil-
leuſement exprimés au Pſeaume 101. & à celuy 105. Dieu s'eſt, dit-il, repenti ſelon la multitude de ſa
miſericorde.

a Chap. 26. d'Isaïe v. 19.

b Le même chap. 9. v. 2 parlant de la délivrance du peuple aprés la défaite de l'armée de Sennacherib.

c Pseaume 102. v. 13. Jeremie chap. 3. v. 4.

d Isaïe chap. 49. v. 15, quand une mere pourrot oublier son enfant, qu'elle a porté dans les entrailles, je n'oublierai pas Sion.

e Paralip. 12. v, 6. 7. 8. *quia humiliati sunt non disperdam eos* (parlant de son peuple) *verumtamen servient ei* (c'est à dire Sesac) *ut sciant distantiam servitutis meae & servitutis Regni terrarum.*

f La défaite de Sennacherib chap. 14. v. 12. & suivans, & à la fin le Prophete dit aux Philistins, qu'ils n'ont pas sujet de se rejoüir de la mort du

ce peuple revenoit sincerement à luy, qu'elles étoient *a* comme des resurrections de la mort à la vie selon le langage des Prophetes, *b* & des jours pleins de lumiere à l'issuë d'une nuit obscure, *c* où ce Dieu de misericorde & de consolation leur ouvroit des entrailles de pere *d* & de mere pour les recevoir, & s'il y laissoit quelquefois *e* des restes d'amertume, ce n'étoit que pour temperer la joye, ou pour leur faire goûter par ce mélange l'infinie disproportion entre son Empire & celuy de la Terre.

Mais que ne diroit-on point aussi de son amour à l'égard des Nations & des Rois employés à ces executions, & du retour de tendresse, par lequel il se servoit de son peuple, pour les corriger eux-mêmes, lorsqu'ils s'avoient abusé de la puissance, qu'il leur avoit donnée sur luy, ou par de trop grands excés, ou pour n'avoir pas reconnu selon son dessein, celuy dont ils la tenoient, *g* s'étans à peu prés élevés, disent les Prophetes, par leur orgueil comme des instrumens morts & inanimés contre la main qui les avoit fait agir, & Dieu les renvoyant comme *h* des mercenaires à gages, qu'il payoit de la gloire de cette fausse domination, puisqu'ils avoient refusé la veritable gloire de le reconnoître comme leur Maître.

Le seul exemple *i* de Pharaon serviroit de matiere à mille reflexions. *k* Dieu l'éleva & le produisit comme sur un Theatre devant les Nations, dit l'Ecriture, pour faire montre de sa puissance, qui ne marche pourtant jamais sans l'amour, ou plûtôt qui n'agit que par luy. *l* Ce seroit une fausse

Roy Ozias ou Azarias, & qu'il fera sortir de la racine du coloeuvre Ezechias, qui les reduira au point, que les Nations voisnes seront obligées de reconnoître que les Juifs ne pouvoient être relevés d'un tel abaissement que par le veritable Dieu.

g Isaïe chap 10. v. 15. chap. 29. v. 8.

h Chap. 16. v. 14. il dit ailleurs dans le même Prophete. Ay-je livré ou vendu mon peuple gratis, comme pour dire, quand je vous ay livré mon peuple, ou que j'ay permis, qu'il tombat sous vôtre puissance, mon dessein étoit-il vain & inutile à vôtre égard comme au sien ? N'étoit-ce pas par un effet de ma misericorde, qui cherchoit à vous gagner aussi bien qu'à le ramener à moy, & n'étoit-ce pas là le prix que j'en attendois de vous, si vous aviez voulu comprendre le langage de mon coeur, & y repondre de vôtre part en tout ce que je faisois pour luy & pour vous ; mais la gloire, l'interest & l'orgueil vous aveugloient, & vous faisoient rapporter à vous ce que vous deviés uniquement rapporter à moy.

i Depuis le 7. chap. de l'Exode jusqu'au 15.

k Chap. 9. v. 16. & l'Apôtre aux Romains chap. 9.

l En effet on voit dans tous cés chapitres que le dessein de Dieu étoit de convertir Pharaon. On luy offroit l'alternative à chaque prodige qui se faisoit. Ce seroit une impieté & un blaspheme d'attribuer à Dieu qu'il n'eut pas dans le fond une veritable & sincere intention au chap. 10. v. 3. Moyse & Aaron l'apostrophent de la part de Dieu en ces termes *Vsquequò non vis subjici mihi ?* Jusques à quand ne voudras tu pas te soûmettre à moy pour renvoyer mon peuple afin qu'il me sacrifie au desert.

idée

idée de vouloir limiter en cette occasion, comme en toutes les autres, cette puissance au seul bien des Israëlites pour ne faire de ce Roy qu'une vaine figure de spectacle, dont l'éclat exterieur n'aboutissoit qu'à l'éblouïr & à l'effrayer aussi bien que ses sujets, & les autres Peuples spectateurs. Ce malheureux Prince tout pétry d'ambition & de politique resista *a* à tous les prodiges, qui se faisoient aussi bien en sa faveur, que pour le peuple, dont la délivrance étoit le principal objet. *a* Son cœur au lieu de s'attendrir s'endurcissoit en un sens, & Dieu *b* à force de miracles l'endurcissoit en l'autre, selon la double expression du texte sacré, ainsi qu'un pere gasteroit son fils de mauvais naturel par trop de tendresse, & il ne fut perdu qu'à l'extremité, & lorsqu'il n'estoit, pour ainsi dire, plus bon à rien, ayant voulu se servir contre son Souverain Maître du passage, qu'il avoit miraculeusement ouvert dans les eaux à son Peuple, & ayant poussé par cette folle audace sa patience à bout. *c*

d Enfin la bonté & la misericorde du vray Dieu, qui agissent avec liberté, & à proportion que les hommes en sont

a Genese. ch. 7. v. 13. & 14. ch. 8. v. 15. & 32. chap. 9. v. 34. & 35.

b Chap. 7. v. 3. chap. 9. v. 12. 34. & 35. chap. 10. v. 20. & 27.

c La bonté & la tendresse de Dieu, alla jusqu'à cet excés, que d'embarrasser, lier ou ôter les rouës des chariots des Egyptiens, chap. 14. v. 25. pour donner encore le temps à ce miserable Prince de se repentir & de se reconnoître.

d La Sagesse chap. 11. parlant de ces mêmes Egyptiens, Vous les pouviés, dit-elle à Dieu, détruire par un souffle, mais vous avés voulu par un excez de vôtre bonté ménager tous ces châtimens avec nombre, poids, & mesure, comme feroit un habile Geometre pour venir à bout de vos desseins, qui étoient de les gagner, & de toucher leur cœur. Manquiez vous de puissance, & peut on resister à la force de vôtre bras? Toute la terre n'est elle pas devant vous comme un scrupule, qu'on met dans une balance, ou plûtôt comme une goute de rosée du matin qui descend sur elle; mais il n'est pas mal-aisé de découvrir au fond de vôtre cœur, si on y va chercher la raison de cette œconomie bienfaisante, qu'on doit mesurer l'étenduë de vôtre misericorde par celle de vôtre puissance. Comme vous pouvés tout, il n'y a point d'homme à qui vous ne fassiés misericorde, *Misereris omnium, quia omnia potes*, & vous souffrez avec patience les pechés des hommes pour les ramener à penitence; car vous aimés toutes les choses qui subsistent, & vous n'haïssés rien de ce que vous avés fait, puisque vous ne les avés pas fait & formé par un principe de haine, rien ne pouvant subsister sans vostre volonté ny se conserver sans vos ordres: ainsi vous pardonnés à tous, parce que tous sont à vous, & que vous prenés plaisir à leur conserver la vie. Ce qui s'entend particulierement des hommes, qu'il ne perd pas de gayeté de cœur & legerement; mais pour des sujets graves & importans, & lorsqu'après les avoir attendu long-temps à penitence, il n'y voit plus de resource. C'est ce que le chap. suivant explique plus au long. Voyés encore Jeremie chap. 9. v. 23. & 24. Que le riche ny le sage ne se glorifie point dans ses richesses & dans sa sagesse, mais que celuy qui se glorifie mette sa gloire à me connoître, & à sçavoir qui je suis celuy, qui fais misericorde, jugement & justice dans la terre, comme s'il eut voulu dire, non pas à connoître ma grandeur en elle-même, car l'homme qui n'est qu'un peu de bouë & de poussiere animées de mon souffle, peut-il s'en approcher en quelque maniere que ce soit dans l'infinie élevation où je suis; mais par rapport à l'amour que j'ay pour luy, & à ce que je fais pour luy, qui n'est que misericorde, lors même que je suis forcé d'entrer en jugement avec luy, ce qui s'appelle proprement justice. L'Apôtre saint Paul 1. à Timothée, sur la fin du dernier chapitre parlant du dernier avenement de Nôtre Seigneur Jesus-Christ chef-d'œuvre de l'amour de Dieu, dit: *Quem suis temporibus ostendet beatus & solus potens, Rex Regum, & Dominus Dominantium, qui solus habet immortalitatem & lucem habitat inaccessibilem, quem nemo hominum vidit, sed nec videre potest, cui honor & imperium sempiternum.*

susceptibles étoient toûjours superieures à la severité & à la rigueur, quand celles-cy étoient forcées de paroître, & dans cette œconomie, avec laquelle l'infinie droiture de son esprit & de son cœur (qu'on appelle justice) ménageoit les douceurs, & les peines, les biens, & les maux, ceux qui participoient de cette droiture d'esprit & de cœur, pouvoient toûjours voir regner souverainement l'amour ; car la puissance & la Majesté de ce Dieu, *a* dit un ancien Pere que nous avons déja cité, qui de soy-même est inaccessible aux yeux & aux esprits des mortels, ne se rend sensible & palpable à leur égard, que par son amour pour eux, dont il leur a donné les plus sensibles & les plus éclatantes marques par le present, qu'il leur a fait dans l'accomplissement des temps, de son fils, *b* qui est la splendeur de sa gloire, l'image de ce Dieu invisible, le caractere de sa substance, & en qui la plenitude de sa divinité selon l'Apôtre habite corporellement.

Les charmes de cet amour produisoient cependant par tout des effets tantôt grands, & tantôt moindres, mais toûjours d'une maniere merveilleuse, quoy qu'imperceptible aux yeux des hommes charnels. *c* La Sagesse bégayoit selon Tertullien avec les hommes par ces premiers élemens, qui les preparoient au grand ouvrage de la Religion Chrestienne. Elle découvroit la beauté *d* de ces coups d'essay & de ces ébauches d'amour aux Prophetes & à une infinité de saints Personnages, pour la faire sentir à ce peuple grossier sous des figures, & aux autres Nations, que Dieu ne perdoit jamais de veuë; mais ces connoissances n'étoient que des lueurs & des étincelles de la lumiere & du feu, qui devoient un jour éclairer & embrazer le monde, & dont ces saintes ames étoient neanmoins si penetrées, non seulement de joye, pour ce qu'elles voyoient quoique d'une maniere *e* confuse & en éloignement, mais d'impatience d'approcher de plus prés, & de voir plus à découvert, jusques-là que dans l'ardeur de leurs desirs voyant quelquefois au dehors une defection presque generale, elles tomboient dans une *f* espece de défiance de

---

a Omnibus igitur revelavit se Pater, omnibus verbum suum visibile faciës. Per ipsum verbum visibilis & palpabilis factus. Irenée liv. 4. chap. 14. Le même chap. 37. *Qui secundum magnitudinem quidē ignotus est, omnibus his, qui ab eo facti sunt; nemo enim investigavit altitudinem ejus, nec veterum nec eorum, qui nunc sunt, secundum autem dilectionem cognoscitur semper per eum, per quem constituit omnia.*

b Ep. aux Heb. ch. 1. v. 3. & aux Coloss. ch. 1. v. 15. & ch. 2. v. 9.

c Quorumdam fidē paulatim ad Disciplinæ Christianæ historem primis quibusque præceptis balbutientis adhuc benignitatis informabat. Liv. de la resurrection de la chair.

d Talia interim divinarum virium lineamenta non minus parabolis operato Deo quam locuto, même Livre.

e Non acceptis repromissionibus sed à longè eas aspicientes & salutantes. Heb. chap. 11. v. 13.

f Elie 3. Rois chap. 19. Voyés tout le chapitre. Saint Paul en parle chap. 11. aux Romains.

la bonté de Dieu, & se croyoient les seules favorisées de ses regards ; mais il sçavoit bien corriger cette erreur de leur zele, & les relever de ces sentimens, qui bornoient l'étenduë de sa misericorde, en les consolant par l'assurance, qu'il avoit un grand nombre de veritables serviteurs, qui n'avoient pas flechy le genoüil devant les idoles, & qu'il tenoit en reserve comme une semence precieuse pour vivifier & regenerer son peuple.

Enfin le temps vint de la nouvelle Alliance, dont *a* son Fils unique, l'objet éternel de ses delices & de ses complaisances devoit être le Mediateur, *b* ce temps de la perfection de son ouvrage & du chef-d'œuvre de sa charité, ce temps où le *c* Mystere devoit paroître en plein jour par l'entiere découverte de son amour pour le genre humain. A la verité l'effusion de ses richesses devoit tomber par préference, comme elle fit, sur ce *d* peuple favory, qui auroit eu ensuite l'honneur de les dispenser par toute la Terre ; mais les Princes des Prêtres & la plus considerable partie, c'est à dire le corps politique & la Synagogue furent assés malheureux pour rejetter cet honneur en faisant même mourir *e* l'Auteur de la vie, ce

a Matth. chap. 3. v. 17. Luc ch. 3. v. 22. Pierre Ep. 1. ch. 1. v. 17. & Ep. 1. ch. 1. v. 20.
b Ephes. chap. 1. v. 5.
c Le même chap. v. 6. 7. 8. 9. 10. & Ep. à Timoth. 1. chap. 3. dernier verset.
d C'est dans cette premiere veuë & pour accomplir les promesses, que Jesus en S. Matth. ch. 15. dit à la Cananée, qu'il n'est envoyé même saint Matth.

que pour les brebis perduës de la Maison d'Israël, & qu'il ordonne à ses Apôtres dans le ch. 10. de ne point aller dans la voye des Gentils & de n'entrer point dans les Villes des Samaritains, mais d'aller plûtôt à ces brebis de la Maison d'Israël, non qu'il voulût exclurre les uns & les autres de ses graces, car il les répandit sur le Centurion & sur la Cananée, sur le Lepreux Samaritain, sur la Samaritaine & sur la ville de Sichar ; mais ce n'étoit pendant sa vie, qu'en passant, & chemin faisant, ses bien-faits n'étoient, s'il faut ainsi dire, que des miettes ou des morceaux qui tomboient de la table des enfans, qui avoient le premier droit à l'adoption, & qui en cette qualité devoient être assis à la table & rassassiés les premiers, comme il le dit luy-même dans St Marc, & des goutes d'eau de la source dont l'effusion entiere se devoit faire selon les Prophetes sur toute chair ; aussi dit-il à ceux qui le suivoient en saint Matth. chap. 8. admirant la foy du Centurion, comme il fit celle de la Cananée, je vous declare que plusieurs viendront d'Orient & d'Occident & auront part au festin dans le Royaume du Ciel avec Abraham, Isaac & Jacob, & que es enfans du Royaume seront jettés dans les tenebres exterieures où il y aura des pleurs & des grincemens de dents. Il annonce dans le même S. Matth. chap. 21. aux Princes des Prêtres & aux Anciens du peuple (aprés qu'ils eurent répondu sur la parabole du fils de famille, & prononce contre eux-même l'Arrest en disant, que les Vignerons qui l'avoient mis à mort, meritoient la mort & de perdre la vigne, qui seroit donnée à d'autres) que le Royaume de Dieu leur seroit ôté, & qu'il seroit donné à un peuple, qui en produiroient les fruits, & dans le chap. 22. il leur expose la même chose sous la parabole du festin des nopces. Les Apôtres garderent aussi la même œconomie, car aprés que Jesus-Christ en S. Matthieu chap. 28. & S. Marc chap. 16. leur eut ordonné avant que de les quitter, pour monter à son Pere, de prêcher son Evangile à toute creature & de le porter à toutes les Nations, ils s'addresserent neanmoins aux Juifs les premiers, comme à ceux qui devoient avoir la gloire de cette dispensation, s'ils eussent voulu la recevoir, saint Pierre au 2. chap. des Actes, portant le premier la parole aprés la descente du saint Esprit, leur dit que c'est à eux & à leurs enfans qu'appartient la promesse, & à ceux qui sont éloignés autant que le Seigneur nôtre Dieu en appellera. Paul & Barnabas chap. 13. des mêmes Actes, leur dirent vous étiés les premiers à qui il falloit annoncer la parole de Dieu ; mais puisque vous la rejettés, & que vous vous jugés vous-mêmes indignes de la vie éternelle, nous nous en allons presentement vers les Gentils.

e S. Pierre Actes 3. *Vos autem sanctum & justum negastis, & petistis virum homicidam donari vobis, aucto.*

Fils unique, leur Liberateur, & leur Roy, qui comme Plenipotentiaire du Pere leur étoit venu commettre la dispensation de ses tresors ; de sorte que pour ne point parler *a* des prodiges & des miracles à cette mort, *b* de ceux qui suivirent la descente du Saint Esprit, & *c* de l'espace de temps, dont Dieu se servit pour solliciter & attendre ces rebelles à penitence avant le juste châtiment de la prise de Jerusalem, qui fut mêmes, selon la prediction de Jesus-Christ, *i* abregé à cause des Elûs, & ensuite *d* de la tendre priere qu'il fit à son Pere sur la Croix, Dieu par une *e* amoureuse vengeance se hasta, s'il faut ainsi dire, de se tourner vers les Gentils, & se servit de l'infidelité du gros des Juifs *f* comme d'une porte pour faire entrer dans sa Maison la plenitude des Nations, & *g* comme d'un vuide pour enter sur le tronc de l'olivier franc, dont les branches naturelles s'étoient separées, la multitude de celles de l'olivier sauvage, qui vinrent s'y joindre pour se nourrir de la seve & du suc de la la tige, non qu'il abandonnât entierement son peuple dispersé aujourd'huy parmy les Nations Chrêtiennes, & en tous les lieux de la Terre ; car le moyen qu'il puisse jamais l'oublier ; mais pour le piquer *h* d'une sainte émulation, & pour le faire revenir à son cœur peu à peu, & quelque jour en foule, par le même artifice d'amour, qu'il avoit pratiqué à l'égard des Nations, qu'il rappelloit sans cesse des voyes, *i* où il les laissoit courir, par la grandeur des merveilles, qu'il operoit chez ce même peuple, & qui formoient le langage de son cœur, comme s'il leur eut crié : *k* Venés peuples entiers vous unir à celuy d'Israël pour m'adorer, Moy qui suis vôtre Dieu & le sien, l'unique Createur du Ciel & de la Terre : Venés goûter les douceurs de l'empire d'un si aimable Pere ; En effet, si *l* la chûte des Juifs, au langage de l'Apôtre, a été la richesse du monde, & si leur diminution a été la richesse des Gentils, que sera leur rappel, & leur retour, sinon une vie nouvelle & comme une resurrection des morts ?

rem vero vita interfecistis, quem Deus suscitavit à mortuis cujus nos testes sumus.
a S. Matth. chap. 27. v. 51. 52. 53. & 54.
b Voyés les Actes des Apôtres par tout,
c Plus de 40. ans, comme on peut voir dans Josephe.
d S. Matth. ch. 24. *Et nisi breviati essent dies illi, non fieret salva omnis caro, sed propter electos breviabuntur dies illi,* v. 22.
e S. Luc chap. 23. & S. Jean 19. v. 17. *Pater dimitte illis, non enim sciunt quid faciunt.*
f Les endroits des Actes cy-dessus & autres, S. Paul, Ep. aux Rom. chap. 10. & 11. il cite Moyse au Deuteronome & Isaïe.
g S. Paul chap. 11. v. 25. *Nolo enim vos ignorare fratres mysterium hoc (ut non sitis vobis ipsis sapientes) quia caritas ex parte contigit in Israël, donec plenitudo gentium intraret & sic omnis Israel salvus fieret.*
h Le même v. 11. & 30. 31. & 32.
i Actes. 14. *Qui (Deus) in præteritis generationibus dimisit omnes gentes ingredi vias suas & quidem non sine testimonio semetipsum reliquit, &c.*
k Jeremie chap. 23. v. 6. 33. 16. & Ezech. chap. 48. v. 35.
l Aux Rom. chap. 11. v. 12. & 15.

Voilà, nôtre cher frere, le grand & noble syſteme de l'amour de Dieu pour tous les hommes fondé ſur l'idée naturelle que nous fournit l'ancienne & nouvelle Allian-ce, mais en effet bien different de ce faux ſyſteme & indigne de la bonté & de la magnificence d'un Dieu que vous avés formé parmy vous ſur des idées humaines, & qui n'eſt qu'une malheureuſe production de quelques particuliers, qui ont corrompu la verité & défiguré la beauté des ſaintes Ecritures. Auſſi le grand Apôtre dans la découverte aux Romains de cet adorable Myſtere entre dans des tranſports d'admiration ſur la profondeur des richeſſes de la ſageſſe & de la ſcience de Dieu dans la vocation des Gentils, dont il ſe devoit ſervir pour rappeller les Juifs à ſon Evangile, qu'ils avoient mal-heureuſement rejetté, & pour entrer nous-mêmes dans ces vûës amoureuſes & dans cet eſprit pour vous & pour tous nos Freres Proteſtans en quelque païs, & de quelque nation qu'ils ſoient, nous ne pouvons finir plus heureuſement, que par les vœux ardens que nous faiſons, qu'il plaiſe à ſa Miſe-ricorde d'inſpirer à toute cette plenitude de Chrêtiens ſepa-rés, une ſalutaire jalouſie qui les faſſe revenir de toutes parts, avec vous & avec tous nos Freres, qui nous ont aban donnés, à ſon Egliſe Catholique, nous écrians avec l'Apô-tre dans les mêmes tranſports d'admiration. *a* O profondeur des Treſors de la ſageſſe & de la ſcience de Dieu ! Que ſes jugemens ſont impenetrables, & ſes voyes incomprehenſi-bles, car qui a connu les deſſeins de Dieu, & qui eſt entré dans le ſecret de ſes conſeils ? Qui luy a donné quelque choſe le premier, & il en recevra la retribution ? Tout eſt de Luy, tout eſt par Luy, & tout eſt en Luy. Gloire ſoit à Luy dans tous les ſiécles. *Amen.*

a Le même v. 32. 33. 34. 35. 36.

PERMISSION.

VEU l'Approbation, permis d'imprimer. Fait ce vingt-
troisiéme Fevrier 1686.

DE LA REYNIE.

www.ingramcontent.com/pod-product-compliance
Lightning Source LLC
LaVergne TN
LVHW012107170726
843501LV00008BC/2787